MW01635645

http://www.casterman.com
D'après les personnages créés par Gilbert Delahaye et Marcel Marlier / Léaucour Création.
Achevé d'imprimer en janvier 2015, en Chine. Dépôt légal : octobre 2014 ; D. 2014/0053/49.
Déposé au ministère de la Justice, Paris (loi n° 49.956 du 16 juillet 1949 sur les publications destinées à la jeunesse).
ISBN 978-2-203-07993-9
N° d'édition: L.10EJCN000405.C004

martine

petites histoires avant d'aller dormir

GILBERT DELAHAYE - MARCEL MARLIER

martine

au zoo

Martine, Jean et Patapouf sont venus passer l'après-midi au zoo.

À la grille, les visiteurs font la queue. La cloche sonne.

C'est l'heure de l'ouverture.

Au zoo sont rassemblés toutes sortes d'animaux qui vivent sur terre, dans l'eau et dans les airs. Il y en a des quatre coins du monde : de l'Océanie, de l'Afrique, de l'Asie, de l'Amérique.

D'abord, voici la lionne et ses lionceaux. La lionne est la femelle du lion, le roi des animaux. Elle aime beaucoup s'amuser avec ses petits.

Un coup de patte par-ci :

– Celui-ci s'appelle Folly.

Un coup de patte par-là :

– Et celui-là, Gamin, parce qu'il fait des sottises.

Il faut toujours lui tirer les oreilles. Mais en grandissant, il deviendra raisonnable comme son père. N'est-ce pas qu'il est mignon ?

Bouffi, l'hippopotame, a des ennuis.

– Je vois ce que c'est, se dit Patapouf. Il a trop mangé.

Il est lourd ! lourd ! Il ne peut plus sortir de l'eau.

– Pensez donc, dit un moineau en se posant sur le bord du bassin. Il dort trop ! Et pourtant, regardez comme il bâille.

– Il a peut-être mal aux dents, ajoute Patapouf.

Grincheux, l'ours polaire, est occupé à prendre son bain d'eau glacée :

– Comme il fait chaud !

Il s'approche en levant le museau pour ne pas renifler de travers :

– Vous ne trouvez pas ?… Bien sûr, l'eau n'est pas mauvaise, mais, quand même, là-bas, dans le pays où je suis né, la banquise, c'était chic… Et tranquille avec ça !

– Grincheux n'est jamais content, dit le dromadaire. Moi, je trouve que tout va bien. Je n'ai pas à me plaindre. Le soleil, c'est de la joie pour tout le monde. Ah ! mes petits, si vous saviez, le désert, les mirages, c'était bien joli ! Et pourtant, ici, on se plaît. On promène les enfants toute la journée. Je trouve cela très amusant !

Maman guenon a beaucoup de mal avec ses petits singes.

Pif est turbulent :

– Veux-tu t'asseoir ici ! dit la maman.

Paf est tellement gourmand !

– Ne mange donc pas tant de cacahuètes !

Pouf est encore plus drôle.

– As-tu fini de te balancer ? Ne vois-tu pas que tout le monde te regarde ?

– Pauvre girafe, se dit Patapouf, elle a grandi trop vite ! C'est pour cela qu'elle a un aussi long cou.

– Est-ce un géant ? demande une petite fille à sa maman. Comment fait-on pour lui dire quelque chose à l'oreille ?

Petitdoux, Saitout et Long Nez sont les noms des trois éléphants du zoo.

Ils sont toujours ensemble : le papa, la maman et le petit éléphant.

Petitdoux aime beaucoup les friandises. Saitout, sa maman, connaît beaucoup de choses. Papa Long Nez est le plus fort.

Sa peau est dure comme le cuir ; sa trompe, souple comme un serpent. Il s'est baigné dans les fleuves de l'Asie. Il a chassé le tigre. Il a voyagé. Il a traversé l'eau, le feu, la forêt. Il a renversé des arbres d'un coup d'épaule. Il a commandé le troupeau pendant plusieurs années. C'est un patriarche.

Quel est cet animal ?

– Il a une jolie robe. On dirait qu'il revient du carnaval. Est-ce un cheval ? demande Martine.

– Mais non. C'est un zèbre, répond Jean. Il ressemble à celui du dictionnaire.

– Il s'appelle Fury, dit le gardien.

Le zèbre est intelligent comme le chien, vif comme le vent, courageux comme le lion.

Aujourd’hui, on célèbre le mariage de Monsieur et Madame Pingouin. Les Manchots, leurs amis, ont revêtu leur costume de cérémonie. Comme ils sont en avance, ils bavardent en attendant les invités.

– On dit que c’est un beau mariage.

– Vous croyez qu’il y aura beaucoup de monde ?

– Mais bien sûr, cher ami. Il y aura Madame Otarie, Monsieur Morse et les fils Phoques.

– Mon grand-père est né en Australie ; ma grand-mère aussi, et mon cousin de même, dit Madame Kangourou.

Elle remue fièrement ses grandes oreilles :

– Nous sommes de la famille des Marsupiaux. Un joli nom, n'est-ce pas ?

Elle s'assied sur sa queue :

– Voyez-vous, mes petits sont dans ma poche. C'est tellement pratique. Ainsi, ils n'iront pas se faire écraser chez les éléphants.

Dans l'aquarium habite Coquette, la tortue des mers du Sud.

Un poisson ne nage pas mieux qu'elle.

Elle en dirait des choses, la tortue, si elle pouvait parler ! Elle a vu, près du troisième cocotier de l'île aux Pirates, le trésor de Félix le Magnifique. Il y avait là dix sabres ornés de rubis, des colliers de perles fines, des pièces d'or et trois barils de poudre à canon.

Marquis, le marabout, n'est pas content.

– Ces grues à aigrette sont vraiment trop bavardes. Et coquettes avec ça ! Regardez-moi ces chapeaux à la mode !

Il hausse les épaules :

– Allez-vous-en !… Allez-vous-en !…

– Partons, ma chère, dit Duchesse, la grue.

– Vous avez raison ; Marquis est insupportable.

– Et malpoli !

– Adieu, Monsieur !

– Qui, dit l'aigle, peut se vanter de regarder le soleil ? La chouette, ma cousine ? Elle voyage la nuit. Mon neveu, le grand duc ? Il est aussi poltron qu'un lièvre. Il habite dans une vieille tour remplie de toiles d'araignées… Moi, j'ai contemplé la neige éternelle. Je suis le roi de la montagne.

– Ces oiseaux sont vraiment curieux, dit Martine. Il est écrit Échassiers sur la pancarte.

– Ce sont des flamants roses.

– Comment font-ils pour tenir sur leurs jambes ?

– Est-ce qu'elles ont une rallonge ; ou bien les plie-t-on en deux ? pense Patapouf.

Voici un flamant rose qui ouvre ses ailes toutes grandes. Peut-être va-t-il s'envoler ?

– Je crois plutôt qu'on va lui prendre ses mesures, dit un petit singe pour rire.

Mais un après-midi au zoo est vite passé. Déjà le gardien agite sa cloche en criant dans les allées :

– **On ferme… On ferme…**

Martine, Jean et Patapouf ont appris beaucoup de choses aujourd'hui. Pourtant, il reste encore à voir les tigres, les loups, les bisons, les autruches, les serpents, les crocodiles, etc.

Eh bien, il faudra revenir une autre fois. Ce qui prouve qu'on n'a jamais fini de s'instruire.

GILBERT DELAHAYE - MARCEL MARLIER

en avion

Cet été, Martine et sa maman vont passer leurs vacances à l'étranger. Les voici à l'agence de voyages. Sur les murs, il y a des affiches touristiques avec des avions, des bateaux et de jolis paysages.

– Tu vois, dit Martine à Patapouf, ceci, c'est la Méditerranée. Voilà l'Espagne et l'Italie. Rome est là sur la carte.

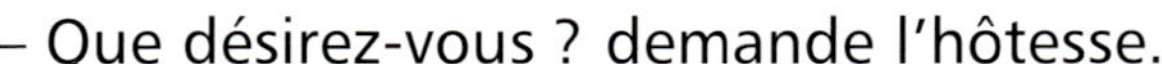

– Que désirez-vous ? demande l'hôtesse.

– Nous voudrions aller en Italie.

– Eh bien, prenez l'avion. C'est tellement agréable !
En quelques heures vous serez arrivées.

– C'est une excellente idée !

Comme il reste encore quelques places dans le prochain avion, la maman de Martine s'est décidée tout de suite. Les billets pour le voyage sont retenus. Les chambres à l'hôtel sont réservées.

Au jour fixé, papa conduit Martine et sa maman à l'aéroport.

Patapouf les accompagne.

Un tapis roulant emporte la valise de Martine. Les haut-parleurs annoncent les départs pour toutes les grandes villes du monde.

Quelle heure est-il ? Il reste encore vingt minutes pour aller faire un tour sur la terrasse.

De là, on aperçoit la Caravelle qui va emporter Martine. Elle atteint 800 km à l'heure, mesure 32 mètres de long, vole à 10 000 mètres de hauteur et pèse 48 tonnes avec son chargement et ses 75 passagers. Les valises s'empilent dans la soute à bagages. On achève le plein de carburant. On met en place la passerelle qui conduit à la cabine. L'avion est prêt pour le départ. Il est temps de se rendre sur la piste.

– J'espère que tu feras un bon voyage, dit l'hôtesse de l'air en souriant à Martine.

– Est-ce que je peux emmener Patapouf ? demande Martine à son papa.

– Oh non, il doit rester à la maison avec moi. Nous irons bientôt vous rejoindre.

– Oui, venez sans tarder, dit maman.

On s'embrasse. On se dit au revoir.

C'est le moment de monter à bord. Martine s'apprête à gravir la passerelle avec sa maman.

Une porte s'ouvre sous la queue de l'appareil. C'est par là qu'on pénètre dans l'avion.

– Au revoir, fait Martine en levant la main.

Elle n'a pas vu que Patapouf l'a suivie sur la piste. Il se cache derrière les bagages. Il agite la queue comme pour dire : « Vous allez voir, j'ai une bonne idée. »

Les voyageurs ont pris place dans l'avion. Le pilote s'installe aux commandes. Dans la tour de contrôle, on donne les dernières instructions. C'est le départ. Les mécaniciens s'éloignent sur la piste. Les moteurs rugissent.

L'avion roule sur le tarmac. Il prend de la vitesse.

Le voici qui décolle. Ainsi commence le voyage de Martine.

La ville est loin en arrière maintenant.
L'avion vole en plein ciel. Ses moteurs remplissent l'espace de leur tonnerre. Ses ailes luisent au soleil. Les radars le guident. Pour préparer son itinéraire, on a consulté la météo. Il se joue de l'averse, du brouillard, de la tempête.

Tout en bas, la terre déroule son tapis de forêts, de moissons, de prairies. À travers les hublots, on distingue à peine les fleuves, les routes, les villages. Tout paraît minuscule, vu de si haut. Les villes sont comme des fourmilières et les maisons comme de petits cailloux cachés dans la verdure.

À bord, tout va bien.

Le pilote manœuvre le gouvernail et maintient l'appareil sur la bonne route.

Il surveille les aiguilles, les compteurs, les manomètres. Rien ne lui échappe.

Le copilote observe le ciel et les nuages, qui sont comme de hautes montagnes.

Le radio écoute les consignes que lui envoient les aérodromes. Il donne les dernières nouvelles du voyage.

Le mécanicien veille à la bonne marche des appareils.

C'est une chance d'avoir un tel équipage…

… et Martine poursuit son voyage comme dans un rêve. Elle s'est installée dans son fauteuil. Sous l'accoudoir, il y a un bouton pour déplacer le dossier quand on a envie de se reposer et un autre pour appeler le steward :

– Puis-je avoir une orangeade, s'il vous plaît ?

Cet avion est vraiment confortable : on peut y rêver, lire et écouter de la musique.

On s'y amuse presque aussi bien qu'à la maison avec les jeux de cubes, les albums, les images.

Et puis, l'hôtesse de l'air est si gentille ! Les enfants qui voyagent en avion l'aiment beaucoup. Pour faire passer le temps, elle présente les nouveaux compagnons de voyage :

– Voici Martine.

– Moi, je m'appelle Thérèse.

– Et moi, Jean-Luc, dit un petit garçon. J'ai sept ans et je viens de Londres.

C'est l'heure du dîner.

Le repas est prêt. La table n'est pas très grande, mais il n'y manque rien… Tiens, on a posé un petit bouquet à la place de Martine. Qui a pensé à le mettre là ? Le pilote ? Il a trop à faire. Le radio ? Il est justement occupé avec ses écouteurs.

Oui, vous l'avez deviné. C'est l'hôtesse de l'air.

Pendant ce temps, il se passe quelque chose d'anormal dans la soute à bagages.
Voici. Au moment du départ, comme tout le monde était occupé à embarquer, le pilote, le radio, le mécanicien, le steward, l'hôtesse de l'air et les voyageurs, vite Patapouf en a profité pour se faufiler parmi les bagages.
Quand l'avion a décollé, il n'osait pas bouger.
À présent, quel remue-ménage ! Il s'amuse à dénouer les sangles. Il fait la culbute parmi les valises.

Mais on voyage vite, en avion. Après la plaine, la montagne, la mer, l'Italie et ses villas toutes blanches. Passent les villages, les lacs bleus, les cyprès et les palmiers. L'avion descend doucement.

On est presque arrivés.

– Attachez vos ceintures. Nous allons atterrir, dit l'hôtesse de l'air.

Et voici Rome. L'avion descend de plus en plus bas. On dirait qu'il va faucher les clochers et les cheminées d'usines avec ses grandes ailes. Dans les rues, les gens lèvent la tête.

– Regarde, dit un petit garçon, il a sorti son train d'atterrissage… Est-ce que tu as déjà été en avion ?

– Non, mais quand je serai grand, je serai pilote et j'irai jusqu'au bout du monde.

L'avion vient de se poser sur la piste. Martine débarque avec sa maman. Quelle surprise ! Voilà Patapouf qui sort de la soute à bagages. C'est une joie de se retrouver !

Vite, Martine prend son petit chien dans ses bras.

– Je vous souhaite un bon séjour à Rome, dit l'hôtesse de l'air.

– Je vous remercie, répond la maman de Martine. Nous avons fait un excellent voyage. Nous sommes heureuses d'être en Italie. C'est un pays merveilleux.

GILBERT DELAHAYE - MARCEL MARLIER

martine

un amour de poney

Textes de Jean-Louis Marlier

Mais quelle est cette surprise dont grand-mère a parlé ?

– **Plus vite, Jean,** crie Martine. Nous y sommes presque !

Encore un virage et voici la maison. Les enfants sont heureux d'arriver enfin.

– Bonjour, vous avez fait bonne route ? lance grand-mère, en venant les accueillir. Pas trop fatigués ? Bonjour Alain ! Comme tu as grandi !

Mais Alain regarde au loin, là-bas dans la prairie.

Soudain il s'écrie :

– **Martine ! Regarde ! Des chevals !**

La grande sœur ne peut s'empêcher de rire. Elle rectifie :

– On doit dire des chevaux !

Le garçon n'entend pas cette leçon de français. Déjà, il a passé le fil barbelé et il galope dans les herbes hautes du pré.

– Alain, attends-nous !

L'enfant, haut comme trois pommes, est maintenant immobile. Devant lui : une maman poney et son petit. Les animaux étonnés ont cessé de brouter ; ils dévisagent ce petit homme au regard tout baigné d'admiration.

– Mon petit Alain vient de tomber amoureux pour la première fois de sa vie, pense Martine, souriante.

– Ce sont des animaux que j'ai recueillis ce printemps, explique grand-mère. Leur maître est parti pour l'étranger. Ils sont très farouches, cela m'étonne qu'Alain puisse les approcher. Moi-même, je n'y suis jamais parvenue.

– Comment s'appellent-ils ?

– Le bébé, c'est Jessy et la maman se nomme Princesse.

– Patapouf ! Non ! reste ici ! supplie Martine.

Trop tard !

Le poulain, qui n'a jamais vu une bête si étrange, se lance à la poursuite du petit chien ; la ponette trotte aussitôt sur les pas de son petit et, Alain se met à courir derrière eux en lançant des cris de joie.

– **Au secours !** hurle Patapouf.

– **Yahoo !** crie l'enfant.

– **Alain ! Patapouf !** s'égosillent Martine et Jean qui s'élancent, eux aussi, à travers les herbes hautes.

Quelle cavalcade dans la prairie !

Voilà des vacances qui commencent bien. Dès le lendemain matin, les enfants décident d'apprivoiser les poneys. Pour cela, il suffit de s'asseoir au bord de la prairie avec de la nourriture plein les mains, et surtout d'être patient. Ces animaux-là sont curieux et gourmands. Ils ne résistent jamais longtemps à une délicieuse invitation.

– Vite ! Mets-lui le licol ! dit Jean.

– Je l'ai attrapé ! Il se débat, le bougre.

– Ne lâche surtout pas la longe !

– Pas peur ! Pas peur, petit poney ! supplie Alain.

– Pour qu'ils nous aiment bien, c'est très simple, dit Martine. Il faut de la nourriture, des caresses, et puis surtout, le plus souvent possible, un brossage énergique.

Alain, Jean, prenez ces brosses et cette étrille.

Oh oui ! Tu aimes bien ça, hein ma belle !

Les jours suivants, quand les poneys sont en confiance, il est temps de travailler à la longe.

– Va ! Princesse ! Va ! Au pas. Oui. Tout doux ! Au trot maintenant.

Le petit Alain saute de joie.

– C'est le plus beau poney du monde !

Il est vrai que Princesse a fière allure avec sa crinière légère et sa queue qui vole au vent. Elle a les naseaux qui frémissent. On la sent nerveuse et volontaire ; son souffle est puissant. Elle lève bien haut les pattes par-dessus l'herbe du pré.

Alors Martine lui lance le mot magique.

Elle crie : "**Au galop !**"

Et Princesse s'élance, comme si elle déployait ses ailes. Sous ses sabots, le sol disparaît. Elle se fond toute entière en un mouvement fluide et balancé.

– Au pas ! Oui... au pas, Princesse. Tout doux.

Alain a bien raison. Tu es le plus beau poney du monde !

Aujourd'hui, les enfants sont venus emprunter du matériel au manège de l'oncle André.
Ce n'est pas un manège qui tourne avec des petits avions ou des animaux de bois, non ! Ici, on ne trouve que des chevaux vrais de vrais : ceux qui font du crottin qui fume, ceux qui hennissent et qui sautent plus haut que les maisons.

Ce sont des géants ! Pour qu'Alain puisse leur gratter l'oreille il faudrait... il faudrait presque une échelle de pompiers.

– Attention à ne pas te faire écraser les pieds ! Ne passe jamais derrière eux ! Présente ta main bien à plat.

Alain est très impressionné, heureusement que Martine est là.

La fillette l'entraîne vers un endroit plus calme : la sellerie.

– Non Alain, je t'assure que ces bottes de sept lieues sont bien trop grandes pour toi ! Non tu n'as pas besoin de cravache ! D'accord, tu porteras toi-même ta selle. Voilà. Nous avons tout ce qu'il nous faut.

De retour chez grand-mère, Martine a bridé Princesse puis l'a sellée. Elle vérifie la hauteur des étriers, et enfin …

– Alain… c'est le moment. En selle !

– Soulevé par Martine, le petit homme s'élève dans les airs et le voilà qui, pour la toute première fois, se retrouve assis sur le dos imposant de l'animal.

Tout d'abord, il ose à peine respirer.

– Alors ? lui demande Martine.

– C'est haut ! répond Alain.

Martine s'assure que les pieds du petit frère sont bien dans les étriers.
Elle lui indique comment tenir la crinière, puis :

– Au pas !

– Regardez ! Regardez tous ! Voilà un nouveau cavalier !
Voyez comme il est fier, là-haut, tout en haut de son poney !

Princesse, Jessy et les trois enfants sont devenus de véritables amis. Ils se font confiance. Chaque soir, après le travail et le picotin, roulades et caresses sont au programme.

Mais, depuis quelque temps, Patapouf a l'air triste.

– Qu'y a-t-il ? demande Martine. Tu es malade ? Ah ! Je vois… je n'ai pas beaucoup fait attention à toi pendant ces vacances ! Allons, c'est promis. La journée de demain, elle ne sera rien que pour toi !

Martine tient toujours ses promesses. Dès le lendemain matin, le petit chien a été brossé, caressé, cajolé.

Puis ils ont fait une longue promenade rien que tous les deux.

Cela a suffi pour que Patapouf se sente revivre.

C'est vrai, quoi ! Passe encore pour Alain, mais il n'est pas question que ces grandes bêtes aux sabots vernis lui volent le cœur de sa maîtresse !

Martine lui a confié une grande nouvelle : comme c'est bientôt la fin des vacances, oncle André va emmener tout le monde en randonnée !

Et **clip** et **clop**, et **clip** et **clop**, font les sabots des chevaux sur les pavés de la route.

Un groupe d'enfants traverse le village :

– Quels beaux poneys ! On peut les caresser ?

Le petit Alain fait les présentations. Tous les compliments qu'il entend sur la douceur de leur pelage, le rendent très fier de ses amis.

Puis, la randonnée reprend. Comme les gens du voyage, les enfants partent explorer le pays qui se trouve de l'autre côté de la colline.

Voici une forêt. C'est bon de pénétrer sous l'ombrage pour y trouver un peu de fraîcheur ! À l'approche du groupe, quelques écureuils s'enfuient au plus haut des branches…
Patapouf prétend qu'ils sont jaloux de son poil, plus roux que le leur. Jaloux de son panache si léger dans le vent. Quel cabot ce petit chien !

Dans les ornières du grand chemin, la charrette est ballottée, de gauche et de droite. Il ne faut pas croire que ce soit confortable, la vie d'aventuriers. Et puis, les enfants ouvrent tout grands les yeux car, dans cette sombre forêt, peut-être qu'il y a… des indiens !

Le soir venu, chacun s'active pour préparer le campement. On dormira dans cette clairière.

– Les chevaux ont-ils bien eu leur ration de foin et d'avoine ? Très bien ! félicite l'oncle, vous êtes de vrais cow-boys ! Maintenant, nous sommes libres de penser à nous. Nous pouvons manger et nous reposer. Voici l'heure de la veillée sous les étoiles.

Cela me rappelle une vieille chanson du Far West, dit-il en saisissant sa guitare.

Alors l'oncle André se met à chanter et les enfants éblouis se laissent porter par sa voix. L'histoire raconte les aventures d'un brave cow-boy et de "Princesse" son amie, son cheval.

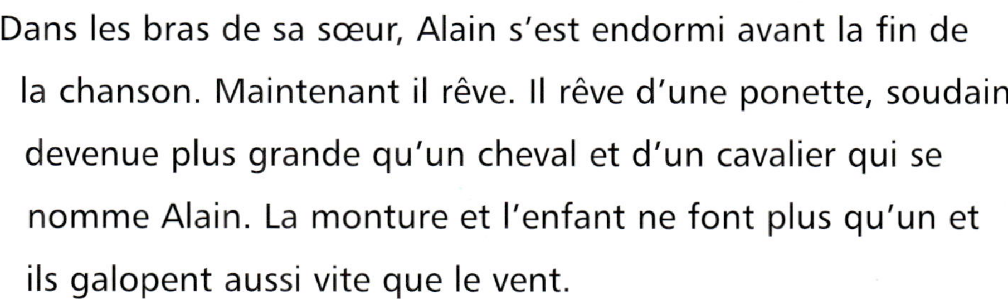

Dans les bras de sa sœur, Alain s'est endormi avant la fin de la chanson. Maintenant il rêve. Il rêve d'une ponette, soudain devenue plus grande qu'un cheval et d'un cavalier qui se nomme Alain. La monture et l'enfant ne font plus qu'un et ils galopent aussi vite que le vent.

Martine sait que le petit Alain pleurera en quittant ses amis…
… elle sait aussi que l'amour des chevaux est maintenant ancré, pour toujours, au plus profond de son cœur.

GILBERT DELAHAYE - MARCEL MARLIER

martine

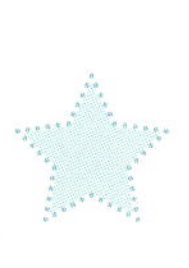

il court, il court, le furet

Les vacances sont finies. Cette année, Martine est allée à la montagne avec ses grands-parents. Maintenant, il faut rentrer.
Grand-père préfère rouler la nuit pour éviter les embouteillages.
Patapouf est resté à la maison. Il ne supporte plus les voyages…
Ça le rend malade…

Comme la route est longue !
Bercée par le mouvement de la voiture,
Martine s'endort…

Quand elle se réveille,
la journée est déjà bien avancée.
– On est arrivés ?… Quelle heure est-il ?
J'ai dû dormir longtemps !
Grand-père a déjà déchargé les bagages…

Grand-mère s'affaire dans la cuisine.

– Bonjour, Mamy ! J'ai une faim de loup ! Je peux t'aider ?

– Bonne idée ! Va dans le jardin me cueillir une salade. Tu t'habilleras ensuite. Rapporte-moi aussi quelques fleurs pour décorer la table. C'est l'anniversaire de Papy aujourd'hui.

Martine adore le jardin de ses grands-parents. L'été, il regorge de légumes, de fruits et de fleurs. On y trouve aussi des plantes aromatiques que grand-mère utilise pour parfumer les plats. "C'est un vrai jardin de curé", dit-elle souvent en riant.

– **Mamy… Mamy !**

– Qu'y a-t-il donc ?

– Le jardin est dévasté ! Toutes les fleurs sont piétinées.

C'est grand-père qui va être en colère !
Tous les légumes sont grignotés.
Les choux, les salades ont l'air malades.
Quant aux carottes…
Mais qui a pu faire cela ? un maraudeur ?
un chat ? un chien ? les oiseaux ?
« À quoi sert d'avoir un épouvantail,
s'il ne fait peur à personne ? »
pense Martine.

– On n'aurait peut-être pas dû s'absenter
si longtemps, dit Mamy en posant
le couvert.

L'après-midi est chaude et calme.
Martine retrouve son petit coin de jungle tout au fond du jardin.
Elle se hisse dans son hamac et feuillette le livre qu'elle a emporté.
Autour d'elle, on n'entend pas une mouche voler. Seul un merle siffle parfois dans le cerisier.

Martine a les yeux qui se ferment. Elle abandonne son livre.
Soudain, elle sursaute ! Il fait presque nuit. Que se passe-t-il ? Elle croit rêver.
Quelque chose s'agite autour d'elle. On dirait une pelote de laine, avec des oreilles. Mais non, c'est un lapin… puis deux, puis trois ! Un bataillon de lapins !

– **Papy, viens vite !** Il y a des lapins plein le verger !

– Des lapins ? Mais d'où viennent-ils ? Le temps d'allumer la lanterne, et tous ont disparu.

– Saperlipopette ! Ils ont rongé le pied des arbres que j'ai plantés cet hiver, et mes reines-claudes sont fichues ! Maudites bestioles !

Martine est inquiète :

– Dis, grand-père, tu ne vas pas les tuer ? Il faut les ramener au bois. Mais comment les attraper ?

Grand-père réfléchit :

– Nicolas, le fils du fermier, a bien un élevage de furets, mais…

– Des furets ?

– Oui. Ils délogent les lapins de leurs terriers. Va le voir. Il pourra peut-être nous aider.

– Bonjour, Nicolas ! Le jardin de grand-père est envahi par les lapins. Il paraît que tu as des furets qui peuvent nous tirer d'embarras. Peux-tu nous en prêter un ?

– Mais oui, bien sûr ! Je te présente Finaud. N'aie pas peur. Celui-ci est le plus gentil, il ne mord pas. Mais fais quand même attention. Il a les dents pointues comme des aiguilles.

– Qu'est-ce que tu lui donnes à manger ?
– Il adore les œufs. C'est pour ça que la poule s'en méfie. À part cela, on le nourrit comme un chat.
– Comme il est drôle ! s'écrie Martine. Tantôt on dirait une grosse souris, tantôt un tout petit ours.

Attention !
Il se faufile partout.
Il aime jouer à cache-cache.
Je vous l'amènerai demain.

Le lendemain matin, Nicolas arrive avec son furet et des filets.

– Pourquoi tout cet attirail ? s'étonne Martine.

Nicolas lui explique alors comment les lapins creusent des galeries dans le sol, en laissant toujours une porte d'entrée et une porte de sortie. Il faut donc boucher tous les trous, sauf deux ou trois, où on pourra les capturer.

– Placez-vous à cet endroit avec les filets ! dit Nicolas.

On introduit Finaud dans la galerie.

Quel remue-ménage là-dedans ! Attention ! Ils sortent !

En voici un qui s'est fait prendre.

– Tiens bon, Martine !

Le lapin se débat. Gare aux coups de griffes !

Martine et grand-père savent maintenant comment s'y prendre.

Mais une journée ne suffira pas.

– Je vous laisse Finaud, dit Nicolas. Je viendrai le reprendre quand vous aurez fini.

Deux jours plus tard, tout est terminé. On enferme les derniers lapins dans des cageots.

– Maintenant, nous allons les ramener dans le bois, dit Martine. Ils y seront plus contents… et Papy aussi !

Martine et Finaud sont devenus d'excellents amis.
« Surtout, ne le laisse pas s'échapper ! » avait recommandé Nicolas.
« D'accord. Je ferai attention. »

Tout en se promenant, Finaud découvre le trou par lequel tous les lapins sont entrés dans le jardin.
– Il faudra dire à grand-père de bien le reboucher !

Finaud entraîne Martine en direction du cellier.
Voyons… où conduit cet escalier ?

Autrefois, on entreposait le cidre dans ces grands tonneaux.

Maintenant ils sont vides, mais ils sentent toujours bon le jus de pomme.

Toc, toc, toc… Y a-t-il quelqu'un là-dedans ? Il fait noir comme dans un four.

Soudain, quatre… cinq… six petites choses grises bondissent hors du tonneau.

– **Hiiiiiii… ! ! !** des souris !

Qui sait depuis quand elles habitent cette barrique ! Bravo, Finaud, tu les as débusquées !

– Qu'y a-t-il dans ce vieux poêle à bois ? (Martine retient son souffle.)

Que va-t-on encore trouver ?

Les secondes, les minutes s'écoulent.

Finaud ne réapparaît pas.

– Finaud ? Finaud ?

On n'entend rien. Martine s'inquiète :

– S'il est perdu,

Nicolas sera très mécontent.

Martine s'impatiente. Elle tambourine sur la buse du poêle. **Poufff… !** voilà qu'elle a pris toute la suie sur la figure !

– Finaud… mais que fais-tu ?

Il a dû grimper par le conduit de cheminée.

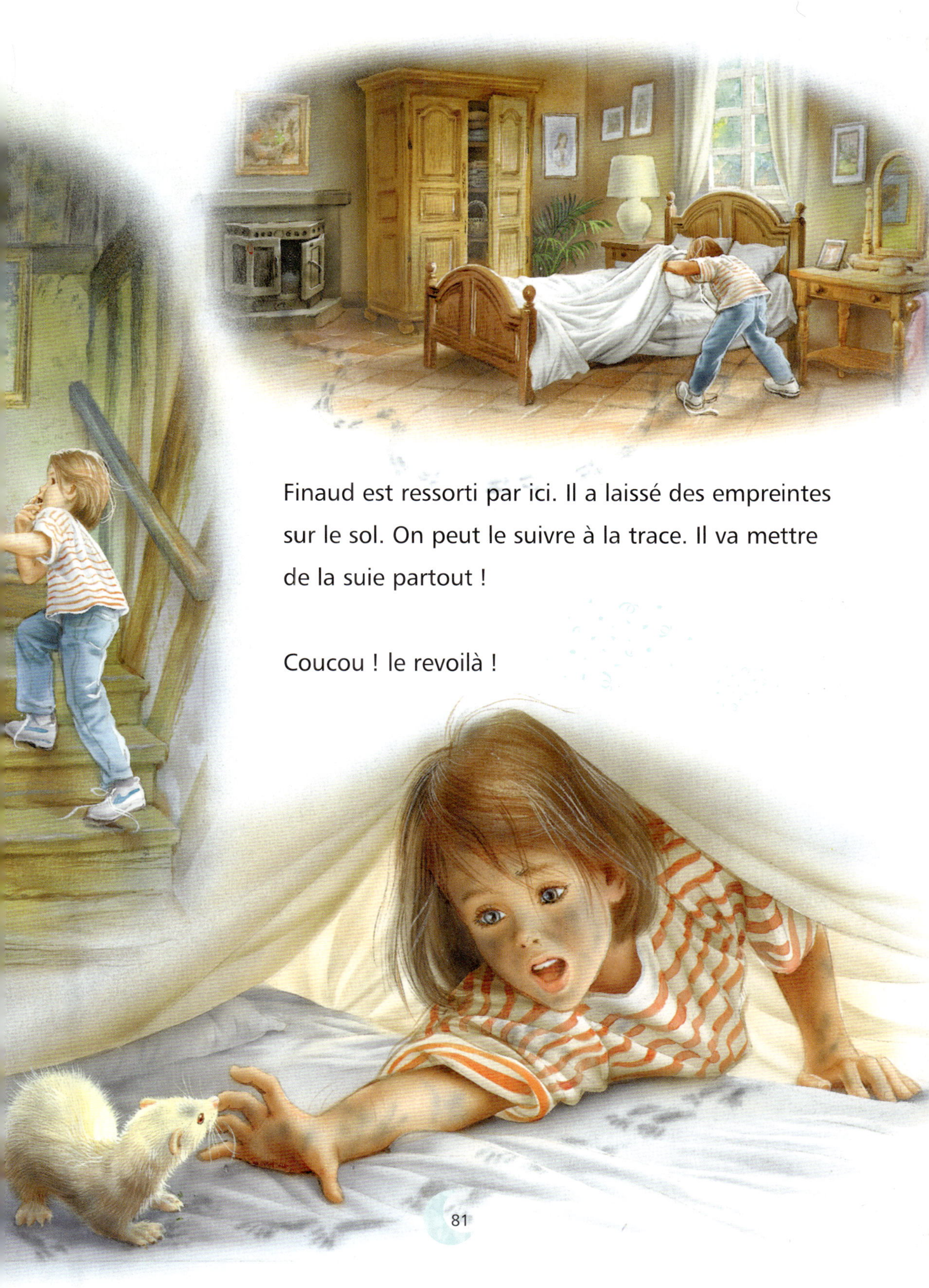

Finaud est ressorti par ici. Il a laissé des empreintes sur le sol. On peut le suivre à la trace. Il va mettre de la suie partout !

Coucou ! le revoilà !

Dehors, grand-mère termine la lessive. Elle a l'air de bonne humeur.

– Eh bien, d'où sortez-vous tous les deux ? Vous êtes noirs comme des charbonniers !

Un peu d'eau et du savon et… au bain le furet !

Martine espère s'en tirer en se débarbouillant seulement les mains et le visage. Mais grand-mère ne l'entend pas de cette oreille.

– Regarde-moi ces jambes ! et ces bras ! et ce cou ! Comment as-tu fait pour te salir de la sorte ? Dans le baquet, ma fille ! Tout de suite !

Drelin… Drelin…

Une bicyclette s'approche.

On entend grincer la grille du jardin.

C'est Nicolas qui vient rechercher Finaud…

– Vite, je me cache !

– Bonjour, Nicolas.

– Bonjour, Madame. Avez-vous encore besoin de Finaud ?

– Non, non. Tu peux le reprendre. Il n'y a plus un seul lapin. Ni au jardin, ni dans le verger. Tu nous as rendu un grand service. Papy est très content !

– Bonjour, Finaud. Mais il est propre comme un sou neuf ! Martine n'est pas là ?

– Elle était ici il y a une minute, mon garçon. Elle ne doit pas être bien loin… Elle ira te remercier avec son grand-père.

Nicolas suit du regard une guêpe qui bourdonne. Elle va se poser juste sur le nez de l'épouvantail.

– Génial, votre bonhomme de paille ! dit-il. Il a vraiment l'air naturel !

Au revoir, Madame ! À bientôt.

– Viens, Martine, Nicolas est parti. On la prend cette douche ?

– Tu as vu comme il m'a dévisagée. Et cette guêpe qui m'agaçait. Crois-tu que Nicolas m'ait reconnue ?

– Bien sûr que non !

Alors Mamy se met à rire ! Et Martine avec elle.

GILBERT DELAHAYE - MARCEL MARLIER

martine

j'adore mon frère !...

Textes de Jean-Louis Marlier

Délicatement, sans trembler,

Martine ajoute encore deux cartes.

Ouf, c'est réussi !

– S'il te plaît Patapouf, murmure-t-elle à voix basse, je t'en prie, ne remue pas la queue. Le moindre courant d'air serait une catastrophe.

Pour Jean qui s'approche, c'est l'occasion de s'amuser un peu.

– Tu connais l'histoire du grand méchant loup ? Celui qui soufflait sur la maison des trois petits cochons ? questionne-t-il, emplissant déjà ses poumons.

Patapouf s'interpose. Il grogne et montre les dents. " C'est moi le gardien du château ! Loups ou garnements, gare à vos fesses ! " Pas de doute, le chien ne plaisante pas. Jean comprend le message. Prudent, il recule au plus vite.

Le petit frère ose à peine respirer. Sous la main agile de Martine, il guette le frisson d'une reine noire effleurée, à peine, par un valet de cœur. Encore une carte et...

NON !

Un clown lancé avec force vient disloquer le fragile édifice. Carreaux, cœurs, piques et trèfles virevoltent un instant dans les airs pour retomber bien vite comme des feuilles en automne.

Le majestueux château n'est plus que ruines.

Furieuse, Martine s'élance vers son frère. C'est l'empoignade.

– **Assez !** crie Maman. Je ne veux plus rien entendre, vous allez immédiatement filer dans vos chambres ! Et que je ne vous revoie plus avant l'heure du repas !

La porte refermée, Martine s'effondre sur son lit.
C'est vraiment trop injuste. Elle voudrait hurler pour que tout le monde le sache.

– Jean, je le déteste ! lance-t-elle, en donnant un grand coup de poing. Maman n'aurait pas dû me gronder parce que, cette fois, ce n'était vraiment pas de ma faute ! Hier, c'est vrai, je lui ai chipé son poster, mais c'était lui qui m'avait... Qu'est-ce qu'il m'avait fait déjà ?

… De toute façon, dans cette maison, c'est toujours moi qui ai tort !

Après un repas très silencieux, Martine décide de se confier à son ami Cédric.

Elle est dans le bureau de Papa depuis à peine cinq minutes, et déjà :

– Tu écris un mail ? questionne Jean qui passe par là. C'est pour envoyer à qui ? insiste le curieux. Quoi ? Cédric ? Mais tu es vraiment amoureuse, ma parole !

Martine ne peut en entendre plus.
Elle explose de colère...

D'un bond, avec une force inouïe, elle repousse l'importun. Elle veut lui crier de la laisser en paix mais, déséquilibré, le garçon bascule sur la petite table.

Dans un fracas effrayant, le vase se brise. Dossiers et bibelots s'éparpillent en tous sens...

... Jean porte les mains au visage. Entre ses doigts, du sang très rouge se met à couler.

– Tu… tu vas bien ? demande la fillette épouvantée.

Jean se relève dans un gémissement. Martine aimerait l'aider, le secourir, mais son frère la repousse de l'épaule. Sonné, titubant, il avance seul vers le salon.
Maman prend peur, Jean sanglote,
Papa accourt.

– Montre-moi ça ! Bon, on te conduit à l'hôpital ! Vite à la voiture ! lance ce dernier qui emporte déjà le blessé.

– Martine, toi tu gardes la maison et tu surveilles Alain.

Pas un mot de plus.

Maman prend le volant. Papa et Jean sont sur le siège arrière.

La voiture démarre en trombe.

Martine reste là, comme paralysée.

Après toute cette agitation, le silence et cette soudaine solitude la font trembler des pieds à la tête. Elle se sent mal, très mal et ne sait plus où se mettre.

Martine recule vers le mur et se laisse glisser jusqu'au sol. Recroquevillée en une petite boule de tristesse, elle se met à pleurer.

Des pleurs ! Des pleurs comme jamais Patapouf n'en avait entendu. Le chien accourt vers sa petite maîtresse ; il l'interroge du regard, cherche à comprendre. Affolé, il galope en tous sens puis, de sa truffe humide, il tente d'écarter les mains crispées de la fillette.

– Martine ! Je suis là ! Que se passe-t-il ? Dis-moi tout !

Aujourd'hui, Patapouf regrette de n'être qu'un petit chien, incapable d'arrêter les chagrins de son amie et de la serrer tendrement contre son cœur.
L'apercevant enfin, Martine l'agrippe aussitôt. Elle se cramponne à lui comme à une grosse bouée de sauvetage.

– Oh, Patapouf ! Si tu savais ! gémit-elle.

– Haaaarg ! fait le petit chien à moitié étranglé. Laisse-moi quand même respirer !

– Tu sais Patapouf, commence Martine, j'ai dit plein de bêtises.

Ce n'est pas vrai que Maman est injuste. Ce n'est pas vrai que je déteste mon frère ; non, ce n'est pas vrai. Si de temps en temps il m'agace, il faut bien avouer que, parfois... moi aussi je cherche la bagarre.

On se chamaille mais on s'aime bien, ce n'est jamais méchant... C'est comme le château de cartes de ce matin et ses singeries devant l'ordinateur... J'ai été bien bête de me mettre en colère pour si peu.

Dring !

Le téléphone ! Martine se précipite car c'est certainement Maman qui appelle.

– Allô ? Martine ? C'est toi ?

– Qui... qui est-ce ? demande la fillette.

– Ben c'est moi, c'est Nicole. Tu en as une drôle de voix !

Nicole, c'est vraiment une amie. Elle est venue tout de suite. Martine lui a tout raconté. ça fait tellement de bien de pouvoir parler à quelqu'un, quand on est triste et qu'on a eu très peur.

– Il saignait, mais moi je ne l'ai pas fait exprès, je ne voulais pas !

– Bien sûr que tu ne le voulais pas. C'est un accident, reconnaît Nicole.

Une heure à peine s'est écoulée et la voiture revient déjà.
Et qui sort le premier, très fier de cette aventure ?
– **Martine !** crie le garçon, tu aurais dû voir ça ! Le docteur m'a fait une piqûre et puis il m'a recousu pour arrêter le sang. C'était avec une grande aiguille et du fil : comme pour un bouton !
Nicole, venue se placer près de Martine, lui glisse à l'oreille :

– Tu vois ! Il est encore entier ton frérot adoré !
Martine se sent enfin revivre.
Elle a eu tellement peur !

Plus tard dans l'après-midi, Jean n'a pas été obligé de faire ses devoirs. Maman l'a envoyé se reposer.

Martine, elle, a passé près de deux heures pour lui écrire un petit mot.

Dans cette lettre, elle lui a demandé de ne pas lui en vouloir, puis... comme elle ne savait plus quoi écrire, elle a empli le reste de la page avec des dessins très colorés.

Enfin, pour être totalement pardonnée, elle lui a préparé un cadeau, dans un bel emballage, avec des rubans.

Toc,toc !

– Je peux entrer ?

– Ben, oui !

– Je suis désolée, commence timidement Martine.

– Faut pas, c'est plutôt moi... dit Jean sur le même ton.

Martine sourit.

– Bon, si tu insistes, je suis d'accord.
C'est toi le plus diable de nous deux.
– Oh ! fait Jean, ça c'est à voir. Pour les bêtises,
tu n'es pas la dernière !

Les enfants échangent
un regard de connivence.
La paix est faite. Martine est heureuse
de cette entente revenue.

– Dis, ce cadeau que je t'ai apporté ...
Et si on l'offrait à Papa et Maman ? Je crois que ce sont
eux qui le méritent le plus.
– Allons-y tout de suite ! approuve Jean tout réjoui.

Unis comme les doigts de la main, le frère et la sœur,
réconciliés, descendent ensemble l'escalier.

GILBERT DELAHAYE - MARCEL MARLIER

martine

baby-sitter

Jeudi, tante Monique a téléphoné à Martine.

– Nous devons nous absenter ce soir. Peux-tu t'occuper de tes cousins ?

Martine est enchantée.

Elle adore ses cousines, les jumelles Sandrine et Sandra, et leur frère Alexis.

Ce soir-là, Martine arrive chez tante Monique.

– Bonsoir tout le monde !

Le chien César aboie joyeusement.

– Tu as le bonjour de Patapouf, lui dit Martine à l'oreille.

– Vite, vite, la voiture attend, dit tante Monique. Nous rentrerons tard dans la soirée... Alexis doit terminer ses devoirs.

Après le repas, Martine vous mettra au lit... N'oubliez pas de faire votre toilette.

Et surtout, soyez sages, les enfants !

– Oui, oui. C'est promis. Au revoir.

Papa et maman sont partis. On va bien s'amuser.

– Attendez ! Où allez-vous ?

– Jouer à cache-cache dans les chambres, dit Sandrine.

– On va sauter sur les lits, dit Sandra.

– **Non, non !** On ne court pas dans les escaliers, descendez ! crie Martine, je vais vous lire une belle histoire.

– Écoutez bien. C'est l'histoire du lièvre et de la tortue.
Pendant que le lièvre batifole, la tortue ne perd pas une seconde en chemin.

– Regarde, c'est le lièvre qui va arriver le premier.
Il court plus vite !

– Mais non, c'est la tortue qui a gagné !

– Rien ne sert de courir…

– Encore une histoire, Martine !

– Plus tard, c'est promis.

J'ai apporté un puzzle.
Regardez.
On commence par poser les coins.
C'est plus facile.

– Et moi ? dit Sandra.
Qu'est-ce que je fais ?

Martine est partout à la fois.
Elle aide Alexis qui sèche sur ses devoirs.
Il est au bord des larmes.
Il préférerait jouer avec le chien César.

Mais déjà, les jumelles ont terminé leur puzzle.
Il faut les occuper. Martine leur explique comment faire des ribambelles. Elle coupe des bandes de papier, puis les plie en accordéon.
Il faut prendre des ciseaux à bouts ronds pour ne pas se blesser, découper un modèle, et…

– Je déplie… Regardez !

– On dirait de la dentelle.

Il n'y a qu'une seule paire de ciseaux...

Heureusement, Sandrine préfère jouer avec les crayons feutres.

Elle fait de très jolis dessins.

Il y en a un pour Martine.

Les autres seront pour maman !

Alexis appelle.

Il a terminé ses calculs.

Martine les corrige.

– C'est très bien !

Il n'y a presque pas de fautes.

Pendant ce temps,
les jumelles s'en donnent
à cœur joie.
– C'est amusant les ciseaux !
On peut jouer à la coiffeuse.
Et les feutres aussi…
Il y en a de toutes les couleurs.
Les murs vont être bien décorés.
"Maman sera contente", se dit
Sandra.

Et si on se déguisait ?

– Bonjour Madame...

Vous avez un bien joli chapeau !

– Martine ! Viens voir comme je suis belle !

– Mais... vous avez mis de la peinture partout ! s'exclame Martine.

Comment allons-nous faire pour enlever tout cela ? On ne peut vraiment pas vous laisser seules un instant !

Heureusement, avec du savon, Martine réussit à tout effacer.

– Maintenant, on se calme ! dit-elle.

Mais les bêtises ne sont pas finies
pour autant. Sandrine et Sandra jouent
tranquillement dans le fauteuil,
quand elles découvrent
le téléphone portable.

– Et si on appelait Maman ?
Je connais son numéro :
un, deux, trois,
quatre, cinq, huit,
dit Sandra.

– Hello ?

– Allô,
qui parle ?

– Good evening.

– Good evening !
Mais c'est un Américain !
Vous avez fait n'importe quoi !
Cette fois, Martine
n'est pas contente.

– Excusez-nous.
C'est une erreur, Monsieur.
Au revoir…

Pendant cet intermède, Alexis a enfin terminé ses devoirs. Il doit maintenant réviser les tables de multiplication.

Deux fois cinq font dix.
Deux fois six font douze.

– Moi aussi, je sais compter, dit Sandra.

– Dis-moi, Sandrine, combien font deux plus trois ?

– Deux plus trois font... je ne sais pas.

– Deux plus trois font cinq.

Mais voilà que le téléphone sonne...

C'est tante Monique qui appelle.
– Bonsoir Maman, nous sommes très sages, dit Sandrine. Nous allons regarder la télé…
… Non, nous n'irons pas dormir trop tard.

Sur l'écran, une soucoupe volante apparaît. Elle atterrit dans un faisceau de lumières, des rouges, des bleues, des vertes.
Un extraterrestre descend de l'appareil. Il a un casque sur la tête. Il n'a pas l'air commode. Ses yeux brillent comme des rayons lasers.
– Moi, je n'aime pas ça.

– Et si on changeait de chaîne ?

– Nous allons regarder une cassette vidéo, dit Martine...

Laquelle voulez-vous ?

– Les cent un dalmatiens.

– Non ! On l'a déjà vu cent fois ! Je préfère les histoires drôles.

– Alors, mettons plutôt un film de Charlot.

– C'est plus amusant !

Maintenant, tout le monde rit de bon cœur.

Martine a demandé qu'on l'aide à préparer le repas.
Les jumelles ont aussitôt proposé de faire la vinaigrette pour assaisonner la salade.

– Voyons : il faut beaucoup d'huile, du vinaigre, du sel, du poivre...

Puis on mélange le tout.
– Et si on ajoutait du sucre ?
– ça sera certainement meilleur.

– Maman met parfois des oignons, mais ça pique. On a les yeux qui pleurent.

– À table, à table, les enfants. Il y a du poulet, du jambon...

– Moi, je préfère la crème glacée, dit Sandrine.

C’est l’heure du bain.

La baignoire est remplie de mousse. Alexis fait des bulles de savon.

On s’éclabousse, on rit.
César s’amuse beaucoup
lui aussi.

Puis, on enfile les pyjamas.

– Habillez-vous toutes seules, dit Martine.

– Celui-ci est à moi ?

– Mais non, c'est le mien !

La salle de bains est dans un piteux état. Il y a de l'eau partout !

– Quand vont-elles donc s'arrêter ? soupire Martine.

Les jumelles commencent à être fatiguées, il est temps de les mettre au lit.

Sandra s’est assoupie dans les bras de Martine.

– Bonne nuit, ma chérie. Fais de beaux rêves. Et surtout, ne pense plus aux extraterrestres.

Ouf ! ça y est ! Tout est calme.

Les jumelles dorment.

Martine va enfin pouvoir se reposer.

Pas si facile de remplacer une maman !

– **Coucou !** C'est nous !

– Ah non, je rêve ! Les revoilà !

– Martine, raconte-nous encore une histoire.

– Plus ce soir. Tout le monde est fatigué.

Il faut aller dormir tout de suite.

Papa et maman vont bientôt rentrer…